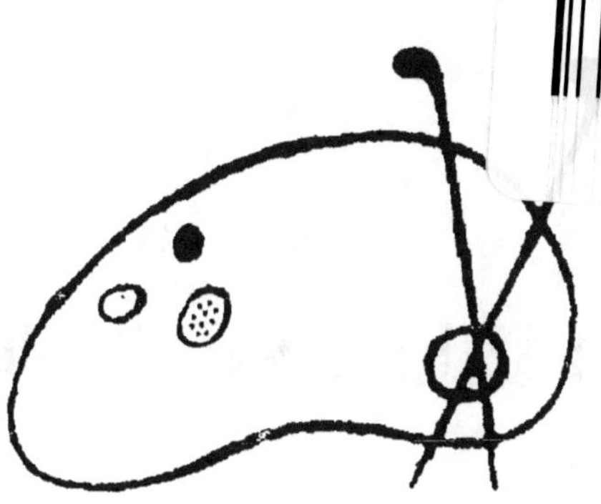

Début d'une série de documents en couleur

LES

PROCUREURS SYNDICS DE 1790

ET LES

COMMISSAIRES DU DIRECTOIRE EXÉCUTIF

DE L'AN III A L'AN VIII

AVEC L'HISTOIRE DE L'INSTITUTION

DANS LE DÉPARTEMENT DE LA VIENNE

PAR

Th. DUCROCQ

PROFESSEUR A LA FACULTÉ DE DROIT DE PARIS
DOYEN HONORAIRE DE LA FACULTÉ DE POITIERS
CORRESPONDANT DE L'INSTITUT
ANCIEN PRÉSIDENT DE LA SOCIÉTÉ DES ANTIQUAIRES DE L'OUEST
PRÉSIDENT DE LA SOCIÉTÉ DE STATISTIQUE DE PARIS

———

(Extrait du *Bulletin du Comité des Travaux historiques et scientifiques*,
Section des Sciences économiques et sociales, année 1891)

———

PARIS

ERNEST LÉROUX, ÉDITEUR

28, RUE BONAPARTE, 28

—

1892

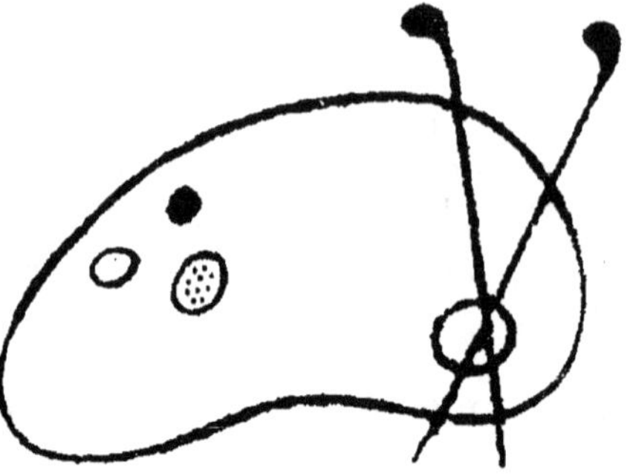

Fin d'une série de documents
en couleur

LES
PROCUREURS SYNDICS DE 1790

ET LES

COMMISSAIRES DU DIRECTOIRE EXÉCUTIF

DE L'AN III A L'AN VIII

AVEC L'HISTOIRE DE L'INSTITUTION

DANS LE DÉPARTEMENT DE LA VIENNE

PAR

Th. DUCROCQ

PROFESSEUR A LA FACULTÉ DE DROIT DE PARIS
DOYEN HONORAIRE DE LA FACULTÉ DE POITIERS
CORRESPONDANT DE L'INSTITUT
ANCIEN PRÉSIDENT DE LA SOCIÉTÉ DES ANTIQUAIRES DE L'OUEST
PRÉSIDENT DE LA SOCIÉTÉ DE STATISTIQUE DE PARIS

(Extrait du *Bulletin du Comité des Travaux historiques et scientifiques*,
Section des Sciences économiques et sociales, année 1891)

Après les questions économiques et d'organisation de la famille,
la Section des sciences économiques et sociales est appelée à exami-
ner une question d'administration. Nous devons nous en féliciter,
car les questions de cet ordre occupent une grande place dans les
sciences qui forment le domaine naturel de notre Section. Malgré les
apparences de sa formule, la question posée ne se réfère pas seulement, en effet, à un point de l'histoire administrative de la Révolution
française. Si l'institution des procureurs syndics créée en 1790 par
l'Assemblée constituante, qui a fonctionné sous l'empire de la constitution de 1791, et que la Convention a partiellement transfor-
mée dans la constitution directoriale du 5 fructidor de l'an III, si
cette institution était digne d'un légitime regret, ce regret, par voie
de comparaison, pourrait impliquer une critique, non seulement de
sa transformation de l'an IV à l'an VIII, mais aussi de l'organisation
administrative, si profondément différente, sous laquelle, à travers
les commotions et les changements politiques les plus divers, nous
n'avons cessé de vivre depuis plus de 90 ans.

Ce regret, nous pensons qu'à aucun titre il n'y a lieu de l'éprou-
ver. Nous estimons que l'institution des procureurs syndics était privée
d'influence et frappée d'impuissance par sa nature même, bien que,
dans certains départements, des hommes de haute valeur et de grand
courage aient été investis de ces fonctions; qu'elle constituait la conception la plus vicieuse d'une organisation administrative qui, dans
son ensemble, a mérité d'être condamnée avec toute l'énergie déployée
à ce sujet par le plus grand des historiens de ces grandes époques. Nous
aurons l'occasion de rappeler les paroles stéréotypées de M. Thiers. Pas
plus que lui, nous ne devons craindre de mêler à nos sentiments de
reconnaissance pour les fondateurs du nouveau droit public de la
France, la critique des institutions administratives par lesquelles ils
crurent devoir le compléter, et qui devaient tromper leurs espérances.

Il est, en effet, impossible d'apprécier l'institution des procureurs
syndics indépendamment du régime administratif dans lequel l'Assemblée constituante les avait placés, et dont ils formaient un organe
essentiel. Cette double étude des procureurs syndics et des assemblées administratives près desquelles ils remplissaient leurs fonctions

fera l'objet de la première partie de ce mémoire. Elle comprendra aussi l'indication des modifications graves, mais insuffisantes, apportées sur ces deux points par la constitution de l'an III ; les commissaires du directoire exécutif près les administrations locales n'ont été, en effet, de l'an IV à l'an VIII, que les successeurs des procureurs syndics de 1790, déjà en partie supprimés en l'an II, puis rétablis en l'an III.

Dans une seconde partie de ce mémoire, nous rechercherons, à titre d'exemple, dans notre département, le département de la Vienne, comment a fonctionné cette institution ; et nous aurons la satisfaction d'y trouver des hommes de mérite et d'honneur, l'un, tout à fait supérieur, dont l'influence personnelle ne put cependant donner à ces fonctions l'efficacité qu'en raison de la conception même du législateur elles ne comportaient pas.

I

LES PROCUREURS SYNDICS DE 1790 ET LES COMMISSAIRES DU DIRECTOIRE EXÉCUTIF DE L'AN III.

L'article 26 de la loi sur la constitution des municipalités du 14 décembre 1789, créait dans chaque municipalité un procureur de la commune, « sans voix délibérative, élu, chargé de défendre les intérêts et de poursuivre les affaires de la communauté ».

De même, la loi du 22 décembre 1789 — 8 janvier 1790, sur la constitution des assemblées administratives, dans sa deuxième section, articles 14 à 18, instituait un procureur général syndic de département et des procureurs syndics de district. Ils étaient élus pour quatre ans, non immédiatement rééligibles ; ils avaient « séance aux *assemblées générales des administrations sans voix délibérative* » ; mais, ajoutait l'article 17, « il ne pourra y être fait aucuns rapports sans qu'ils en aient eu communication, ni être pris aucune délibération sur ces rapports sans qu'ils aient été entendus ».

L'article 18 dispose encore : « Ils auront de même séance *aux directoires, avec voix consultative*, et seront, au surplus, chargés de la suite de toutes les affaires. »

Telles étaient les attributions des procureurs syndics et leur situation légale. Ce serait une grave erreur que de voir en eux, dans les départements, malgré les termes de ces articles, les remplaçants des intendants de nos anciennes provinces, ou les ancêtres des préfets de nos jours.

Ce rôle appartenait en réalité aux *directoires* visés par l'article 18, faisant antithèse à l'article 17 visant au contraire les séances des *administrations*.

Chaque administration de département, composée de 36 membres élus, se divisait en effet « en deux sections (art. 20), l'une sous le titre de *conseil de département*, l'autre sous celui de *directoire de département* ».

La première de ces sections correspondait en partie à nos conseils généraux, et la seconde, le directoire, avait presque entièrement les pouvoirs, non seulement de nos commissions départementales, mais aussi des préfets.

C'est pourquoi, on les a justement appelées des *administrations collectives*. Composés de 8 membres élus par l'assemblée de département et du président de cette assemblée qui avait le droit de les présider (art. 23), ces directoires réunissaient toutes les fonctions administratives : l'action, la délibération, la juridiction, mêlées et confondues dans leurs mains.

Ce sont ces intendances ou ces préfectures à 8 et même 9 têtes, délibérant « perpétuellement et n'agissant jamais », suivant le mot énergique de M. Thiers, qui avaient toute l'autorité dans le département. Les procureurs généraux syndics n'en avaient même pas les apparences, et encore moins la réalité.

La loi en forme d'instruction du 8 janvier 1790 sur *la formation des assemblées représentatives et des corps administratifs*, prend bien soin de dire que les procureurs syndics « auront séance en un bureau placé au milieu de la salle et en avant de celui du président (§ 5) » ; la même disposition ajoute : « ils n'agiront d'ailleurs sur aucun objet relatif aux intérêts et à l'administration du département ou du district que de concert avec le directoire » ; et l'article 22 de la loi du 22 décembre 1789 dispose : « le directoire de département sera toujours en activité pour l'expédition des affaires, et rendra tous les ans au conseil de département le compte de sa gestion qui sera publié par la voie de l'impression ».

Il ne faut pas croire que l'Assemblée constituante réserve aux procureurs syndics la représentation des intérêts généraux par antithèse aux intérêts locaux réservés à l'action des assemblées administratives. Le procureur général syndic n'a pas plus la gestion des intérêts généraux, des intérêts de l'État dans le département, que celle des intérêts locaux. C'est l'administration de département qui a la gestion des uns et des autres.

L'article 1er de la section III de la loi du 22 décembre 1789 charge les administrations de département, « sous l'inspection du corps législatif », non seulement de la répartition des contributions directes, mais aussi « d'ordonner et de faire faire les rôles, de régler tout ce qui concerne la perception et le versement du produit, d'ordonner et de faire exécuter le paiement des dépenses ».

L'article 2 dispose aussi que « les administrations de département seront chargées, sous l'autorité et l'inspection du roi, comme chef suprême de la nation et de l'administration générale du royaume, *de toutes les parties de cette administration* ».

Il est difficile, sans doute, de trouver une réponse plus expressive et plus directe à la question du programme relative aux attributions négatives des procureurs syndics. En réalité, dans l'ordre des intérêts généraux, comme dans l'ordre des intérêts locaux, c'est l'administration collective qui a toute la puissance, soit comme déléguée du pouvoir législatif en matière d'impôts, même au point de vue de ce qui est du ressort de l'administration active, soit comme déléguée du pouvoir exécutif *pour toutes les parties de l'administration générale dans le département.*

Ces textes eux-mêmes montrent le procureur général syndic annihilé, impuissant, constituant un rouage sans influence et sans autorité. C'est à ce point que, dans une nouvelle instruction de l'Assemblée constituante du 12 août 1790, il n'est plus fait mention des procureurs syndics, comme si la grande Assemblée ne se faisait plus à elle-même d'illusion sur l'inefficacité d'un pareil organe administratif, entaché d'un double vice : celui de son origine élective, reconnu et corrigé en l'an III par la Convention, celui de l'insuffisance endémique de ses fonctions qui ne devait disparaître qu'avec les administrations collectives elles-mêmes en 1800.

Cependant, cette loi en forme d'instruction du 12 août 1790 porte excellemment l'empreinte des préoccupations de l'Assemblée constituante dans le sens de l'unité administrative, complément nécessaire, sans exagération de centralisation, de l'unité politique du pays. Elle recommande aux assemblées administratives de concourir à « l'unité d'action » dans le pays; elle leur rappelle que les fonctions qui leur sont déléguées s'exercent, les unes sous l'inspection du corps législatif, et « les autres, qui comprennent toutes les parties de l'administration générale du royaume, *sous la direction et l'au-*

torité immédiate du roi, chef de la nation et dépositaire suprême du pouvoir exécutif ».

Elle rappelle que les délibérations de cet ordre sont soumises « à l'approbation du roi ». C'est ce que portait l'article 5 de la loi du 22 décembre 1790.

Ainsi la grande Assemblée a voulu, comme tous les gouvernements de la France qui l'ont précédée et qui l'ont suivie, l'unité administrative du pays, comme partie essentielle de l'unité nationale; mais les moyens employés par elle n'ont pas répondu et ne pouvaient répondre à ces vues, et le silence de cette instruction, dans cet ordre d'idées, sur les procureurs syndics, semble indiquer que l'institution, à cet égard, lui inspirait peu d'illusions et qu'elle n'attendait pas d'elle un concours utile dans ce but d'unité administrative, que cet organisme était condamné, par sa conception même, à ne pouvoir donner.

Il importe de ne laisser planer aucun doute sur cette grande pensée de l'Assemblée, qui, en faisant disparaître les privilèges de territoires, comme les privilèges de personnes, avait dit dans son instruction du 8 janvier 1790 : « l'État est un ; les départements ne sont que des sections d'un même tout (§ 6) », et encore ceci : « le principe constitutionnel est que l'autorité descend du roi aux administrations de département, de celles-ci aux administrations de district, et de ces dernières aux municipalités, à qui certaines fonctions relatives à l'administration générale pourront être déléguées ».

Les mêmes règles dans le district étaient appliquées à l'administration de district, à son directoire, à son procureur syndic, sauf que « les administrations et directoires de district sont entièrement subordonnés aux administrations et directoires de départements (art. 28)» ; comme les subdélégués des élections aux intendants avant 1789, et les sous-préfets de nos jours aux préfets.

Les mêmes principes des administrations collectives étaient appliqués dans la commune au corps municipal divisé, en principe, en conseil et en bureau composé, avec le maire, du tiers des officiers municipaux et « chargé de tous les soins de l'exécution (art. 34 à 37 de la loi du 14 décembre 1789) » malgré la présence du procureur de la commune, même avec l'adjonction de son substitut dans les villes de plus de 10,000 âmes (art. 27).

Un dernier fait, un dernier texte, montrent peut-être mieux et plus encore que tous les autres, l'impossibilité dans laquelle se trouvaient également les procureurs syndics et les fonctionnaires analogues d'exercer une influence réelle. Ils n'avaient même pas la correspondance : ni la correspondance avec l'administration centrale, ni la correspondance avec les autorités locales.

La loi en forme d'instruction du 12 août 1790, *concernant les fonctions des assemblées administratives*, sous ce titre « Correspondance », contient un § 2 dans lequel on lit ce qui suit : « Les administrations de départements sont le lien de la correspondance entre le roi, chef de l'administration générale et les administrations de district ; celles-ci le sont de même entre les administrations de département et les municipalités. Ainsi la correspondance du roi ne sera tenue par ses ministres qu'avec les administrations ou les directoires de département, et les dispositions qu'elle contiendra seront transmises par le département aux administrations ou directoires des districts. Les municipalités ne pourront s'adresser à l'administration ou au directoire du département que par l'intermédiaire de l'administration ou du directoire du district... Le directoire du département et ceux des districts de son ressort correspondront ensemble . »

Ainsi, c'est l'administration ou le directoire du département, et non le procureur général syndic, qui a la correspondance[1] avec les ministres, d'une part, et avec les administrations ou directoires de district, d'autre part, et, par l'intermédiaire de ces derniers, avec les municipalités.

Un autre passage de la même loi accentue encore cette prescription en disposant qu' « après la séparation des assemblées de conseil, les directoires seuls restent en activité ; seuls, ils représentent l'administration qui les a commis et ont un caractère public à cet effet. La correspondance soit ministérielle, soit dans l'intérieur du département, ne peut être tenue qu'avec et par eux ».

(1) Nous avons trouvé aux archives du département de la Vienne la mise en œuvre de ces règles au point de vue de la franchise postale. Elle résulte d'une lettre adressée le 19 juillet 1790 par Necker « à MM. du directoire et procureur général syndic du département de la Vienne ». Par cette lettre, il prévient que le roi a donné des ordres pour l'affranchissement des lettres relatives à la correspondance administrative du département. Il y est dit que « toutes les lettres et paquets adressés à l'assemblée de département ou à son directoire leur parviendront francs de port » lorsqu'elles seront expédiées dans des conditions déterminées. Elle ajoute au contraire que « les lettres adressées à des membres individuels de l'assemblée, tels que le président, *ou le procureur général syndic du département*, seront soumises à la taxe... » De même les lettres ou paquets qui seront expédiés par l'assemblée ou le directoire, et non par le procureur général syndic, seront exempts de port, lorsqu'ils sont expédiés dans des conditions déterminées,

Pendant la tenue de l'assemblée du département, la correspondance appartient au président de cette assemblée. Il en est de même dans le district. « La correspondance, pendant la tenue de l'assemblée de district, sera suivie, vis-à-vis du directoire du département, par le président de l'assemblée. La correspondance, pendant la tenue de l'assemblée de département, sera également tenue avec les ministres du roi, par le président de l'assemblée de département ».

Que reste-t-il donc au procureur général syndic et aux procureurs syndics? Leur part au point de vue de la correspondance est ainsi limitée par cette loi du 12 août 1790 : « Le procureur général syndic correspondra avec les procureurs syndics, et pourra correspondre aussi avec les directoires de district. Ceux-ci correspondront avec les officiers municipaux, et les procureurs syndics pourront correspondre tant avec cet officier, que particulièrement avec les procureurs des communes ».

Ainsi, il est constant que le gouvernement n'avait aucun agent dans les départements, sur lequel il put compter, avec lequel il put avoir de ces correspondances, même secrètes, souvent indispensables.

N'est-ce pas l'un des motifs, en outre de ceux propres au régime conventionnel et à la confusion des pouvoirs au profit d'une assemblée, qui ont amené de bonne heure la Convention nationale à la pratique des missions des représentants du peuple dans les départements? L'absence de représentants administratifs ordinaires du gouvernement dans les départements, conduisait forcément à l'envoi d'agents politiques extraordinaires pris dans l'assemblée même qui réunissait tous les pouvoirs. Les vices du régime administratif ne concouraient pas moins à ce résultat, que les vices du régime conventionnel et la crise effroyable que traversa la France pendant le règne de la Convention.

On a bien remarqué, en outre, que les procureurs syndics ne sont pas élus par les administrations de département, de district, de communes ; ils sont élus directement, comme ces administrations, par les électeurs. Au lieu d'être un élément de force et de confiance pour écrire et parler au nom de ces administrations, c'est le contraire qui a lieu. Ils peuvent, en effet, n'être pas investis de leur confiance. Ainsi, ils ne représentent ni l'État, ni les administrations locales près desquelles ils sont un organe purement consultatif, sans force et sans autorité légales. Encore le législateur craignant qu'il ne fût trop fort, avait-il pris soin (Loi des 22 décembre 1789-

8 janvier 1790, section II, art. 15) de déclarer que le procureur général syndic ne serait pas indéfiniment rééligible.

L'affaiblissement, l'anéantissement de l'action administrative et gouvernementale, était voulu, systématique; et la Constituante ne vit pas qu'elle préparait ainsi la dictature, soit d'une assemblée, soit d'un homme.

L'institution des procureurs syndics était entachée de deux vices fondamentaux : l'un tenant à leur origine élective, et l'autre à l'impuissance de leurs fonctions.

Si l'on voulait en faire les représentants de l'État, il fallait ne pas pousser jusqu'à eux l'application du principe électif appliqué à outrance par l'Assemblée constituante. L'État doit choisir ses agents et ses représentants, de même que les populations doivent choisir les leurs; cette distinction nécessaire a échappé à la grande Assemblée.

La Convention, mieux éclairée à cet égard par l'expérience, dans la constitution du 5 fructidor de l'an III (art. 191), a remplacé les procureurs syndics, par des « commissaires nommés par le directoire exécutif, auprès de chaque administration départementale et municipale, et qu'il révoque lorsqu'il le juge convenable ». Cette assemblée n'avait pas attendu d'ailleurs le vote de la Constitution directoriale pour toucher à l'institution des procureurs syndics telle que l'avait créée le législateur de 1790. Les premières missions de représentants dans les départements eurent en partie pour cause l'absence d'agents du pouvoir central sur les divers points du territoire; mais dans ce cas, bien que la mesure fut une première atteinte à l'intégrité de l'organisation administrative de 1790, cette atteinte ne fut qu'indirecte. Une seconde atteinte, directe et radicale, fut la suppression même des procureurs généraux syndics prononcée par l'article 6 de la loi du 14 frimaire de l'an II (4 décembre 1793). Cette suppression indique assez que dans la généralité des départements, le régime de la Terreur rencontrait chez les procureurs généraux syndics une résistance qui honore les hommes, sans prouver l'efficacité de l'institution; dans la seconde partie de ce travail, nous en montrerons un remarquable exemple dans le département de la Vienne pendant la Terreur. La loi du 28 germinal de l'an III (17 avril 1795) rétablit les procureurs généraux syndics (art. 4), mais en attribuant leur nomination aux représentants en mission (art. 5); bien que réparateur, cet acte n'en constitue pas moins une troisième et très profonde déviation de l'institution primitive. La vérité est que la Convention a reconnu la nécessité de rattacher au pouvoir central les procureurs syndics ; de sorte que l'on était déjà loin, à ce point de vue, de l'institution élective de 1790, même avant le vote de la Constitution de l'an III, qui ne fut que la quatrième étape de cette évolution inévitable, alors même que le régime conventionnel et la Terreur ne seraient pas venus la rendre plus rapide.

Mais l'institution des procureurs syndics de 1790, en outre de leur origine élective, était entachée du second vice dérivant de l'insuffisance des attributions et de la présence même des administrations collectives. La constitution de l'an III conservait le système, tout en cherchant à y remédier, en réduisant le nombre des membres de ces administrations collectives. Comment aurait-elle pu songer à le détruire dans l'ordre administratif, au moment où elle l'appliquait dans l'ordre gouvernemental et constitutionnel ? au moment où elle étendait au pouvoir exécutif de la France, la dénomination même et l'idée des directoires administratifs de 1790 ?

Bien que nommés par le gouvernement et révocables par lui, les commissaires du Directoire exécutif près les administrations locales collectives furent aussi faiblement armés que les procureurs syndics. Ce même article 191 de la constitution de l'an III se bornait, en effet, à disposer que « ce commissaire surveille et requiert l'exécution des lois ». Comme le procureur syndic, il a mission de demander aux administrations d'agir, sans avoir aucun moyen de les y contraindre, ni le droit d'agir à leur place, même au cas où elles refusaient ou négligeaient de le faire.

Il existe une circulaire du ministre de l'Intérieur, en date du 27 frimaire de l'an V, relative au fonctionnement des commissaires du Directoire exécutif, bien digne d'être citée. Malgré le progrès accompli par rapport à l'institution de 1790, elle montre bien la faiblesse constitutionnelle de l'institution, et comment, en raison de cette faiblesse des attributions, le lien même qui la rattache désormais au pouvoir central peut augmenter le péril. Cette circulaire était adressée « aux administrations départementales et aux commissaires du pouvoir exécutif ». Elle est peu connue ; nous l'avons trouvée dans les Archives du département de la Vienne (L. 120). Elle nous paraît, tant elle répond directement à la question posée, mériter d'être reproduite *in extenso* [1].

(1) 1re DIVISION. — 1er BUREAU
CIRCULAIRE
Liberté — Égalité

« La plupart des commissaires du Pouvoir Exécutif, Citoyens, signent les

N'est-il pas évident, d'après cette circulaire, que l'influence des commissaires du directoire exécutif n'est pas devenue plus grande

arrêtés des administrations, et beaucoup d'actes administratifs sont précédés d'une correspondance entre les administrateurs et les commissaires du Pouvoir Exécutif, lequel, avant de répondre, consulte souvent l'administration générale, correspondance qui, après avoir multiplié les opérations et ralenti la marche des affaires, paraît déterminer fréquemment les arrêtés ultérieurs.

« Cependant soit que les administrateurs agissent conformément à l'avis ou à la réquisition du commissaire, soit qu'ils manifestent une autre opinion et que le résultat de la délibération diffère entièrement de l'avis ou de la réquisition du commissaire, ce sont toujours les administrateurs, et non le commissaire du pouvoir exécutif, qui ont prononcé l'application de la loi ; et par une conséquence naturelle, c'est sur les administrateurs que la responsabilité doit peser.

« Cette responsabilité ne saurait être atténuée ni détournée par une intervention différente de celle que la constitution prescrit, et qui, en compliquant inutilement les opérations, tend à dénaturer le caractère spécial de chaque fonctionnaire public.

« Le commissaire du Pouvoir Exécutif est l'œil du gouvernement ; il est placé près des administrations pour les surveiller, pour provoquer l'exécution des lois et la rectification des erreurs, pour faire cesser l'inaction des fonctionnaires, et rendre compte au gouvernement de tout ce dont il juge à propos de l'informer.

« Il doit donc être présent à tout, il doit tout voir, tout connaître, mais sans que son assistance et son adhésion puissent jamais excuser, encore moins légitimer ni rejeter sur le gouvernement, les opérations administratives qui pourraient être repréhensibles.

« Il paraît donc convenable, pour conserver dans sa pureté l'organisation constitutionnelle, que les administrateurs et les commissaires du Pouvoir Exécutif s'abstiennent de ces correspondances préliminaires, au moyen desquelles on pourrait chercher à rejeter sur le commissaire où sur le gouvernement, l'acte futur de l'administration. Le commissaire du Pouvoir Exécutif doit seulement donner son avis et porter la parole en présence de l'administration ; c'est à elle à apprécier les dires et les réquisitoires du commissaire, sans que celui-ci coopère à l'acte résultant de la délibération.

« Il importe, par les mêmes motifs, que l'arrêté de l'administration ne soit pas revêtu de la signature du commissaire du Pouvoir Exécutif, ni ses réquisitoires écrits à la suite des pétitions particulières. Excepté cependant lorsqu'il s'agit d'une opération qui lui est directement attribuée ; telle, par exemple, que l'exécution des lois intervenant sur la première réquisition.

« Hors ces cas, l'acte de l'administration ne pouvant pas être l'acte du commissaire, ne doit pas être revêtu de sa signature.

« Mais il faut constater que le commissaire du pouvoir exécutif a été ouï ; à cet effet, il suffira que sa signature soit apposée en marge du registre des délibérations ; cette signature certifiera sa présence, et autorisera la mention qui sera faite, soit dans le procès-verbal, soit dans les extraits des délibérations qu'elles n'ont été prises qu'après l'avoir entendu.

que celle des procureurs syndics ? que des fautes sont commises?
qu'ils sont impuissants à les prévenir ou à les empêcher ? puisque
l'on obvie à ce que la responsabilité du gouvernement n'y soit pas
engagée par les commissaires du directoire. Sans doute, il y a progrès, en ce qu'ils doivent le prévenir. Mais on leur interdit soigneu-
sement toute correspondance préliminaire avec les administrations
de département, seules investies du droit de statuer. On leur interdit expressément aussi de contresigner les actes des administrations départementales. On leur rappelle qu'ils doivent se borner
à donner leur avis, à le faire constater au registre, et à ne pas
manquer de l'y donner en personne, sans se faire suppléer.

C'est donc toujours et uniquement le droit de réquisition et d'avis,
la fonction purement consultative des procureurs syndics élus de
1791, qui est encore l'impuissante mission des commissaires du
Directoire exécutif, nommés et placés par lui près des administrations locales.

C'est bien la même institution, malgré la transformation du nom,
et celle plus grave de l'origine élective en nomination gouvernementale, qui se continue de l'an III à l'an VIII. Le principe conservé des
administrations collectives, cumulant l'action, la délibération et la
juridiction, ne permettait pas, en effet, malgré le changement de

« Lorsque les administrations croiront devoir porter la minute de leur
décisions à la suite des pétitions qui leur ont été données, il sera nécessaire
de transcrire le sommaire de ces décisions sur un registre particulier ; le
commissaire du Pouvoir Exécutif signera en marge de chaque sommaire, ce
qui procurera le double avantage de constater que le commissaire a été entendu, et de prévenir l'abus que les parties intéressées pourraient se per-
mettre, et que leur facilite la remise de la minute en leur pouvoir.

« Cet ordre de registre et d'opération paraît facile et moins compliqué que
celui adopté dans plusieurs administrations ; je crois donc devoir vous le
prescrire, citoyens, et vous recommander de veiller à ce qu'il soit également
suivi par les administrations municipales; je demeure convaincu que les
commissaires du Pouvoir Exécutif seront aussi attentifs à s'y conformer,
qu'exacts à assister aux séances; ils doivent sentir qu'en ne s'y rendant que
passagèrement, ils s'exposent à voir leurs fonctions se dénaturer par une
transmission trop fréquente de la surveillance dont ils sont chargés, aux
membres de l'administration.

« Salut et Fraternité,

         « *Signé*: Bellezeck.

En marge est écrit :

      « *Le chef de la première division :*
       « *Signé*: Champagnère. »

nom et même le changement d'origine, de placer près de ces administrations un organe autre qu'un simple agent de surveillance et de
réquisition, sans autorité effective et sans influence sérieuse.

C'est ce que furent et les procureurs syndics de 1790 et les commissaires du Directoire exécutif de l'an III.

II

LES PROCUREURS SYNDICS ET LES COMMISSAIRES DU DIRECTOIRE EXÉCUTIF
DANS LE DÉPARTEMENT DE LA VIENNE

Nous prenons ici le département de la Vienne pour exemple, parce
que nous y avons vécu de longues années et que nous n'avons cessé
de lui appartenir par les liens les plus nombreux et les plus étroits.
C'est aussi l'un des départements de France dont l'histoire locale,
pendant ces deux périodes consécutives d'application des lois administratives de 1790 et de l'an III, montre le mieux que l'impuissance
des procureurs syndics tenait aux vices mêmes de l'institution,
et non au choix des hommes chargés de remplir ces fonctions.

Les deux personnages successivement investis des fonctions de
procureur général syndic dans le département de la Vienne furent
deux avocats distingués, dont l'un avait écrit l'histoire du Poitou,
ayant rendu l'un et l'autre, bien qu'à titres d'importance inégale,
dans les assemblées de l'ancien régime, des services appréciés qui
les désignaient au choix de leurs concitoyens. Hommes éclairés,
sages et modérés, dévoués aux idées nouvelles, ennemis de la vio-
lence et du désordre, ils devaient fournir l'un et l'autre une bril-
lante carrière.

Le premier procureur général syndic du département de la Vienne
fut Louis Brault, né à Poitiers le 14 août 1743, procureur syndic
de l'élection de Poitiers en juin 1788, et officier municipal de la commune de Poitiers en 1789. Il devait, plus tard, devenir président du
tribunal civil, membre du Conseil des anciens en 1795, puis du
Corps législatif en l'an VIII, et terminer sa carrière publique par
les fonctions de conseiller à la cour d'appel de Poitiers, auxquelles
il fut appelé en septembre 1811.

Son successeur fut Thibaudeau (Antoine-René-Hyacinthe), l'auteur
de l'*Histoire du Poitou*, né à Poitiers le 2 novembre 1737, mort à
Poitiers le 20 février 1813. C'est le président Thibaudeau, à qui revint
l'honneur bien mérité d'être le premier de la longue série des premiers

présidents de la cour d'appel de Poitiers, alors tribunal d'appel. Il est le père du conventionnel Thibaudeau (Antoine-Claire), né à Poitiers le 23 mars 1765, mort à Paris le 1ᵉʳ mars 1854.

C'est en juin 1790 que les électeurs du département de la Vienne furent réunis pour constituer la nouvelle administration départementale. Thibaudeau père siégeait alors à l'Assemblée nationale. Déjà, il avait été élu, par l'unanimité des suffrages, procureur syndic pour le tiers-état, à l'unique session de l'assemblée provinciale du Poitou en août et novembre 1787 et de sa commission intermédiaire, tandis que le baron de Lezardière était élu, dans les mêmes conditions, procureur syndic des mêmes assemblées pour le clergé et la noblesse. Aussi, lors de la convocation des États généraux, Thibaudeau avait-il été élu le huitième des 14 députés du tiers-état de la sénéchaussée du Poitou, et sa signature figure au pied de l'acte solennel auquel aboutit la célèbre séance du Jeu de Paume de Versailles.

Ainsi pourvu d'un siège à la députation nationale, il ne pouvait être utilement investi à cette époque des fonctions de procureur général syndic du département, et c'est à cette circonstance que Louis Brault dût d'être le premier procureur général syndic de la Vienne. Encore les électeurs du district de Poitiers tinrent-ils, malgré l'éloignement de Thibaudeau, à le nommer procureur syndic du district de Poitiers.

Nous avons trouvé aux Archives nationales (série départementale, Élections, 1790 Fᶦⁱᵉ, Vienne I) le procès-verbal des élections de l'administration départementale de la Vienne accomplies le 14 juin et jours suivants jusqu'au 22 juin inclusivement de l'année 1790. Les électeurs des 6 districts du département de la Vienne, au nombre de 405 [1], étaient réunis dans l'église du collège de Sainte-Marthe de la ville de Poitiers. Louis Brault fut d'abord élu président de cette

(1) RÉSUMÉ DE LA POPULATION ACTIVE DU DÉPARTEMENT
DE LA VIENNE

Districts.	Citoyens actifs.	Électeurs.
Poitiers.	9.636	98
Lusignan.	4.306	43
Civray.	6.431	54
Montmorillon.	8.346	86
Londun.	6.065	61
Châtellerault.	7.899	80
Totaux.	42,683	422

assemblée électorale, au second tour de scrutin, par 275 suffrages. L'assemblée étant appelée à nommer d'abord, conformément à l'article 4, section II, de la loi du 22 décembre 1789-8 janvier 1790, 12 administrateurs, élus 2 par district, Louis Brault fut élu le premier pour le district de Poitiers par 326 suffrages; et Louis Laurendeau, également avocat et procureur de la commune à Poitiers, fut élu le second par 313 suffrages pour ce même district. L'assemblée eut à procéder ensuite à l'élection de 24 autres administrateurs indistinctement élus parmi tous les citoyens éligibles du département de·la Vienne, sans distinction de district, et de 12 suppléants.

Une dernière élection restait à faire, celle du procureur général syndic du département. La lutte fut des plus vives, ce qui prouvait bien que les électeurs étaient pénétrés de l'importance que l'Assemblée nationale avait eu la volonté d'attacher à ces fonctions nouvelles dans l'organisme nouveau. Cette lutte fut concentrée entre Louis Brault, président de l'assemblée électorale, déjà élu membre de l'administration du département pour le district de Poitiers, et Drouault, maire de Poitiers, l'un des 3 commissaires du roi chargés de faire procéder aux élections, mais qui n'avait encore été l'objet d'aucune élection par l'assemblée électorale, tandis que ses deux collègues, Joseph Butaud et Bonaventure Frottier de la Messelière étaient déjà nommés : Joseph Butaud, administrateur pour le district de Montmorillon (326 suffrages, 339 ayant été donnés à Jean-Hilaire-Bastide Daubier, premier administrateur élu pour ce même district), et Frottier de la Messelière, élu le septième par 344 suffrages sur la liste des 24 administrateurs du département élus sans distinction de district. Un seul des 3 commissaires du roi pour les élections départementales était donc resté, jusqu'à ce moment, en dehors des nominations accomplies par l'assemblée électorale : c'était le maire de Poitiers, Drouault. Les fonctions d'administrateur du département étant, d'après la loi départementale de 1790, incompatibles avec les places d'officiers municipaux, le maire Drouault et ses amis ne voulaient évidemment faire le sacrifice de la mairie de Poitiers que pour le poste de procureur général syndic du département. Mais si Drouault, dans cette lutte, apportait en outre son titre de commissaire du roi, seul encore non pourvu dans ces élections départementales, les amis de Louis Brault avaient pour eux les élections géminées déjà faites au profit de leur candidat par l'assemblée électorale elle-même.

Cette élection du premier procureur général syndic du département de la Vienne n'en exigea pas moins dans ces circonstances trois tours de scrutins, dans lesquels Louis Brault eut toujours l'avantage, et qui se terminèrent par son élection, au troisième tour, par 222 suffrages, contre 154 obtenus par Drouault, et 7 bulletins nuls, sur 383 votants.

Louis Brault, proclamé procureur général syndic du département, dut alors être remplacé, comme administrateur, par le premier des douze suppléants élus. Ce premier suppléant s'étant excusé, probablement après y avoir été sollicité, ce fut le second qui fut proclamé administrateur en remplacement de Louis Brault. Or ce second suppléant, à qui l'élection du premier procureur général syndic du département de la Vienne ouvrait, le 22 juin 1790, les portes de l'assemblée du département, et, le 6 juillet suivant, celles du directoire, après un échec du 1er février pour le poste de substitut du procureur de la commune de Poitiers [1], ce trop heureux suppléant était Pierre-François Piorry, avocat à Poitiers, le futur conventionnel qui devait présider dans la Vienne au régime de la Terreur, exiger l'arrestation du premier procureur syndic du district de Poitiers, du second procureur général syndic du département, de Thibaudeau de l'Assemblée constituante, et qui l'eût fait monter sur l'échafaud sans la délivrance du 9 thermidor de l'an II.

Le même jour, 22 juin, et le lendemain 23, les électeurs du district de Poitiers, réunis encore sous la présidence de Louis Brault, d'abord dans la salle de l'Université, puis dans l'église du collège, procédèrent à l'élection de 12 membres de l'assemblée du district de Poitiers, de leurs 4 suppléants, et du procureur syndic du district. Le procès-verbal de cette élection (Archives nationales, comme ci-dessus) constate l'élection comme procureur syndic de l'administration du district, de « M. Antoine-Hyacinthe Thibaudeau, l'un des « députés du Poitou à l'Assemblée nationale, au premier tour de « scrutin, par 56 voix (sur 88 votants), et, M. Thibaudeau étant ab- « sent, M. le président a été prié de l'instruire de sa nomina- « tion ».

Le 6 juillet 1790, l'assemblée du département procédait à l'élection de son président (Bonaventure Frottier de la Messelière), de son

---

(1) Poste occupé d'abord par Barret, élu le 1er février 1790, et, bientôt après, par Thibaudeau fils, le futur membre de la Convention.

secrétaire général (Giraudeau), de 8 membres de son directoire [1], de 3 suppléants [2], et d'un membre du directoire pour remplacer le procureur général syndic en cas de maladie, absence, ou autrement (Butaud).

Au moment même de cette constitution de l'administration du département de la Vienne, nous voyons, dans ce procès-verbal, le procureur général syndic, Louis Brault, user immédiatement du droit de proposition que la loi lui confère. « M. le procureur général syndic a exposé, porte le procès-verbal, que le premier devoir à remplir dans le moment actuel était de faire une adresse de remerciment à l'Assemblée nationale qui sera signée de M. le président et du secrétaire général; qu'il serait aussi important pour le département de faire des démarches pour obtenir l'établissement d'un tribunal souverain dans la ville de Poitiers, et de nommer des députés [3] pour cette double commission ».

Dès ce premier acte, de simple proposition, judicieusement émané du procureur général syndic à son entrée en fonction, on voit apparaître la conception administrative de l'Assemblée constituante, dont Louis Brault se montre le respectueux observateur. Il propose de faire une adresse à l'Assemblée constituante, mais non sa rédaction ; et il ne la signera pas ; en effet, il n'a pas le droit d'action ; et il a bien soin de dire : « une adresse qui sera signée de M. le président et du secrétaire général ».

C'est bien là le premier acte du procureur général syndic du département au moment de la constitution de l'administration du département, et il n'est pas surprenant de le voir saisir l'occasion de poursuivre la création d'une cour d'appel à Poitiers, chère à tous ses concitoyens, excités par les satisfactions éphémères et les déceptions qui étaient résultées pour eux de la création et de la suppression des parlements du chancelier Meaupou.

Sans doute, dès avant le 6 juillet, nous voyons aux Archives nationales les trois lettres par lesquelles Louis Brault a transmis les

(1) Belleroche, Butaud, Barbier, Ingrand, abbé Moutault, Piorry, Rastide Daubier, Gennet.

(2) Vincent, abbé Diotte de la Vallette, Bonnefond.

(3) Ces députés furent Jacques-Michel Durand, procureur du roi à l'élection de Loudun, élu administrateur du département pour le district de Loudun, et Pierre-François Piorry, qui prend de suite une importance, que les électeurs, en ne le nommant que second suppléant, ne semblaient pas vouloir lui donner.

procès-verbaux des élections du département et du district des 14-22 juin et 22-23 juin, le 27 juin 1790 au président de l'Assemblée nationale, le 28 juin à Necker, ministre des Finances, et le 30 juin à M. le comte de Saint-Priest, ministre secrétaire d'État. Mais ce n'est pas à titre de procureur général syndic qu'il opère cette transmission ; c'est à titre de président de ces assemblées électorales. Les accusés de réception le constatent absolument, et particulièrement celui qui lui fut adressé par M. de Saint-Priest le 1er juillet 1790 [1]. Cette intéressante réponse semble indiquer aussi (et la lettre d'envoi était bien faite pour obtenir ce résultat) que le pouvoir royal n'en voulait pas à Louis Brault de l'avoir emporté, le 22 juin, sur le commissaire du roi.

Beaucoup d'autres lettres de Louis Brault, à des dates diverses, ont la même raison d'être. Telle sont ses deux lettres du 6 mars 1791 au président de l'Assemblée nationale : l'une, pour lui annoncer l'élection à l'évêché du département de la Vienne, du curé de Sainte-Triaise, Lecesve, membre de l'Assemblée nationale [2], qui n'accepta pas ; et l'autre, pour lui envoyer également le procès-verbal de l'élection au tribunal de cassation de Creuzé La Touche, membre de l'Assemblée nationale, et, comme suppléant, de Dutrou Bornière, membre de la même Assemblée. Ces deux lettres sont signées : « BRAULT, président de l'assemblée électorale du département de la Vienne, et MOREAU secrétaire ».

De même, à la date du 11 septembre 1791, c'est une lettre de Pierre Montault des Illes, député, qui informe le président de l'Assemblée nationale de l'élection de son frère, M. Charles Montault, prêtre, administrateur du département (et, bientôt après, président de son directoire) comme évêque du diocèse de Poitiers (par 244 voix sur 321 votants). Ce document est signé : « MONTAULT, président de l'assemblée électorale du département de la Vienne, et PIORRY, secrétaire ».

(1) « Paris 1er juillet 1790. — J'ai reçu, Monsieur, la lettre que vous m'avez écrite avec les deux procès-verbaux des élections que vous avez présidées. Je ne doute pas que l'ordre et la tranquillité qui y ont régné ne soient dûs principalement à votre zèle et à votre sagesse. J'en ai rendu compte au roi, qui a vu avec plaisir votre nomination à la place de procureur général syndic, et qui m'a chargé de vous en témoigner sa satisfaction. L'assemblée du département connaîtra incessamment les intentions du roi et celles de l'Assemblée nationale par rapport à sa première session. »

(2) L'un des trois curés du Poitou qui, après le 20 juin 1789, avaient donné l'exemple de la réunion des députés du clergé aux députés du tiers-état.

Le même président de l'assemblée électorale, qui, en cette qualité, succédait à Louis Brault, a adressé les procès-verbaux des séances des 29 août au 7 septembre 1791 relatives aux élections des députés à l'Assemblée législative, de leurs suppléants, des hauts-jurés du département à la haute cour nationale, du président et de l'accusateur public du tribunal criminel du département de la Vienne.

Cette dernière élection se rattache plus directement au sujet qui nous occupe. Le président du tribunal criminel ainsi élu, fut Thibaudeau père qui devait échanger cette charge, au mois d'août 1792, pour celle de procureur général syndic, après Louis Brault. Bien que l'état de sa santé, gravement affectée par le séjour de Paris, l'eût obligé à donner sa démission, et qu'il fût revenu à Poitiers, Thibaudeau est encore qualifié de député à l'Assemblée nationale, lors de cette élection à la présidence du tribunal criminel, par 118 voix contre 93 données à de Bornière, également député à l'Assemblée nationale, et élu accusateur public près le tribunal criminel par 144 voix.

Pendant toute cette période, c'est Louis Brault qui reste investi des fonctions de procureur général syndic du département de la Vienne. Malgré sa popularité établie par les manifestations électorales multipliées dont il a été l'objet, et que nous venons de rappeler à dessein, malgré ses aptitudes, l'honorabilité de son caractère, l'estime générale dont il jouissait, il nous est impossible de saisir la trace d'une direction qu'il ait imprimée, d'une influence qu'il ait exercée sur les affaires du département et sur l'opinion. Nous voyons, au contraire, grandir sans cesse à côté de lui la personnalité redoutable de Pierre-François Piorry, secrétaire de l'assemblée électorale, qui le nomme le septième des députés du département à l'Assemblée législative avec 147 suffrages sur 298 votants; le huitième et dernier de la liste fut son ami Ingrand, tandis que le premier de la liste fut Allard, procureur de la commune de Poitiers.

Louis Brault apparait presque uniquement dans le rôle d'agent de transmission, soit des décisions, soit de la correspondance du directoire du département.

Elles sont très nombreuses les lettres du procureur général syndic du département de la Vienne, ainsi conçues, avec plus ou moins de variantes : « Le directoire du département me charge de vous accuser la réception de l'exemplaire original des instructions que le roi vous a chargé de lui transmettre... (lettre du 1er avril 1791 au ministre secrétaire d'État) ».

Il s'en trouve parfois d'assez curieuses, comme celle par lui adressée au ministre de l'Intérieur le 27 avril 1791 [1], relativement à l'interprétation de lois que le directoire le charge de déclarer n'avoir jamais reçues. Mais c'est toujours au nom du directoire qu'il parle, et c'est la conséquence naturelle et logique du principe des administrations collectives et du rôle nécessairement effacé des procureurs syndics.

Même quand le procureur général syndic écrit aux directoires de district, c'est également au nom du directoire du département, et, le plus souvent, la lettre porte qu'il est « chargé par le directoire » de le faire.

Nous avons parfois constaté l'absence de la signature de Louis Brault sur des arrêtés du directoire du département de la Vienne d'une certaine importance. Tel est celui du 19 mars 1791, imprimé en placard d'affiche par François Barbier, imprimeur à Poitiers, et invitant « les membres de la Société littéraire à s'en retirer » pour cause politique. Cet arrêté est signé des membres du directoire, de « J.-B. Butaud, suppléant du procureur général syndic », de 4 administrateurs du district, et de 3 commissaires de la municipalité, parmi lesquels Thibaudeau le jeune.

Dans la plupart des cas, il en est autrement. Ainsi, un arrêté du directoire du département de la Vienne « concernant la sûreté publique », en date du 14 janvier 1792, porte bien la signature de Brault, procureur général syndic, à la suite de celles des membres du directoire. Il en est de même d'un autre arrêté du même directoire, du 5 juillet 1792, « concernant le maintien de l'ordre et de la police dans l'étendue de son ressort. »

Nous avons également trouvé aux Archives du département de la

---

(1) « Monsieur, Le directoire du département de la Vienne me charge d'avoir l'honneur de vous marquer sa surprise d'avoir reçu le 14 de ce mois une lettre du 20 mars interprétative de l'article 6 du décret du 24 février dernier, concernant les fruits des domaines nationaux, et de n'avoir pas reçu la loi rendue sur ce même décret du 24 février. Le directoire du département craignant que le paquet n'ait, par erreur, été envoyé dans un autre département a l'honneur de vous prier, Monsieur, de faire vérifier dans vos bureaux d'envois, si c'est une omission, et de vouloir bien la faire réparer par un autre envoi........ »

« Le procureur général syndic du département de la Vienne.
« BRAULT ».

Au Ministre de l'Intérieur.

Vienne « l'adresse aux citoyens » du conseil général du département de la Vienne, en date du 1er août 1792 : « Citoyens, la patrie est en danger. Des souverains irrités contre une nation qui a eu le courage de se déclarer libre, se sont réunis pour la remettre dans les fers… » L'adresse porte la mention suivante : « Le conseil général du département de la Vienne arrête, ouï le procureur général syndic, que la présente adresse sera imprimée et envoyée aux districts et municipalités du ressort. » Elle est seulement signée : « MONTAULT, évêque du département, président, et GIRAUDEAU, secrétaire général ». Mais ce n'est là que l'application exacte de la loi et du principe des administrations collectives; le procureur général syndic a été entendu; à cela seulement s'est borné son rôle.

C'est là le caractère général de l'exercice des fonctions de Louis Brault. La loi confère l'autorité, non au procureur général syndic, mais au directoire et à l'administration du département; Louis Brault, très respectueux de la loi de son institution, ne sort pas du rôle effacé qu'elle lui assigne. Il en est ainsi dans les affaires courantes relatives à l'exécution ordinaire des lois, comme dans les questions politiques.

Du reste, l'administration centrale ne s'y trompe pas, et quand elle a des reproches à faire, c'est plus au directoire qu'elle les adresse qu'au procureur général syndic, et c'est le directoire qui accepte la responsabilité et qui répond. Ce n'est que la conséquence normale et l'application régulière du principe des administrations collectives. Nous ne citons qu'à titre d'exemple, et pour terminer, en ce qui concerne les fonctions de procureur général syndic exercées par Louis Brault, la lettre du ministre de l'Intérieur, Roland, du 15 septembre 1792 au directoire du département de la Vienne : « On se plaint, Messieurs, de la lenteur avec laquelle les lois envoyées dans le département reçoivent la publicité », et la curieuse réponse du directoire de la Vienne au ministre, en date du 26 septembre 1792 [1], et

***

[1] « Monsieur, Répondant à la lettre que vous nous avez fait l'honneur de nous adresser le 15 de ce mois, nous avons celui de vous observer que nous n'avons jamais apporté aucune négligence personnelle dans les envois que nous avons été chargés de faire aux districts de notre département des différentes lois que vous nous avez adressées; mais vous n'ignorez pas que, malgré les ressources immenses que l'imprimerie nationale est dans le cas de se procurer d'urgence, il est, cependant, des moments où elle a peine à fournir. Veuillez bien juger combien, n'ayant point à beaucoup près les mêmes ressources, nous devons nous trouver embarrassés lorsque l'abondance des lois qui nous sont

signee : « Les administrateurs composant le *directoire du département*
« de la Vienne : Barbier, *vice-président*, Dardillac, Desessarts,
« Brault, procureur général syndic ».

Nous sommes arrivés aux 21 et 22 septembre 1792 ; l'Assemblée
législative a terminé sa carrière ; la Convention commence *la sienne*;
la République est proclamée ; et le *renouvellement* légal des corps
administratifs s'accomplit à la fin du mois de novembre et au com-
mencement du mois de décembre 1792.

Louis Brault exerce encore ses fonctions de procureur général
syndic en novembre 1792 et son mandat expire en décembre. Les
électeurs du département, réunis à Loudun, et qui ont élu Thibaudeau
fils représentant du peuple à la Convention nationale, sur la présenta-
tion même de son père, élisent le père aux fonctions de procureur
général syndic du département. Il n'était pas possible de choisir un
nouveau procureur général syndic plus qualifié que cet ancien avocat très occupé du barreau de Poitiers, l'historien du Poitou, l'ancien procureur syndic de 1787 à l'assemblée provinciale, et de 1790
à l'administration de district, le constituant de 1789, et le président du tribunal criminel de la Vienne de 1791. Avec cet homme
considérable, qui entre à ce titre dans l'administration du département de la Vienne, on sent une volonté et une force nouvelle,
mais que paralysent la faiblesse inhérente à la conception administrative du législateur et les circonstances les plus terribles.

La nouvelle administration départementale, présidée par l'évêque
Montault, se réunit le 10 décembre 1792, et Thibaudeau inaugure
ses nouvelles fonctions, comme l'avait fait son prédécesseur et con-
frère, en proposant à l'assemblée d'envoyer une adresse à la Convention. L'adresse qui fut votée commençait ainsi : « Législateurs, le
premier acte de notre administration est une adhésion entière aux
mesures que vous avez prises et aux lois que vous avez faites. Nous
les ferons exécuter, *dussions-nous périr à notre poste* ! »

On sent là une influence et une énergie nouvelles ; et bientôt les
événements allaient montrer que ce ne fut pas la faute des terro-
ristes de la Vienne, si Thibaudeau n'a pas payé de sa vie ses fonctions de procureur général syndic.

Dès le 12 décembre 1792 le ministre de l'Intérieur Roland adresse

---

adressées, met notre imprimeur, dont nous ne pouvons cependant que louer
le zèle, dans l'impossibilité de suivre le cours des envois qui nous sont
faits. »

« aux corps administratifs » une circulaire qui ne pouvait faire des procureurs syndics un organisme plus efficace, puisque le régime administratif légal n'était pas modifié. Aussi, est-ce aux corps administratifs, c'est-à-dire aux administrations et directoires qu'il s'adresse, et que, légalement, il doit s'adresser. Il leur dit : « Les élections viennent de renouveler, dans l'étendue de la République, les corps destinés à y faire exécuter les lois. C'est avec vous, concitoyens récemment appelés à remplir d'augustes fonctions, que je viens m'entretenir de nos rapports et de nos devoirs. Les uns tiennent aux autres : appliquons-nous ensemble à les bien connaître... »

La haute personnalité, l'expérience de Thibaudeau, les hautes fonctions par lui déjà exercées, lui permettent cependant de plus oser que son prédécesseur, malgré le rôle légalement effacé dont il est investi. Il ne craint pas de soumettre des observations aux ministres à l'encontre des mesures qu'ils veulent prescrire.

C'est ainsi que nous avons trouvé aux Archives du département de la Vienne une lettre de Roland, du 28 décembre 1792, demandant aux administrateurs du département de la Vienne d'ordonner six journées de travaux volontaires pour la réparation des routes, et la copie d'une lettre de Thibaudeau qui lui signale les inconvénients de cette mesure ; « les malveillants, dit-il au ministre de l'Intérieur, ne manqueront pas de les assimiler aux corvées ».

Dans un autre ordre de faits et d'idées, la loi du 1er décembre 1792 exigeait des notaires, pour qu'ils pussent exercer leurs fonctions, un certificat de civisme délivré par les municipalités. De nombreux refus de délivrance de ces certificats se produisirent dans le département de la Vienne, sans que les municipalités consentissent à en indiquer les motifs. Dans ces circonstances, une longue lettre du 28 décembre 1792, signée de Thibaudeau, en sa qualité de procureur général syndic, est adressée au ministre de l'Intérieur (Archives nationales, Personnel administratif, série départementale, Vienne, Objets généraux, 1790-an V, n° 5659). Cette lettre de Thibaudeau débute ainsi :

« Citoyen ministre, Il se présente des difficultés sur l'application de la loi concernant les certificats de civisme à délivrer aux notaires par les municipaux. Nous vous prions de bien vouloir résoudre nos doutes. Des notaires se sont présentés à leurs municipalités pour demander certificat de civisme ; les unes ont refusé sans donner de raisons de refus, d'autres ont dit *pour raisons à nous connues.....* »

Il expose les raisons d'hésiter et de décider, et conclut qu'il y a lieu d'obliger les municipalités qui opposent un refus aussi grave aux pétitionnaires à en donner les motifs. Il écrit bien au nom du directoire ; c'est bien l'avis du directoire qu'il fait connaître au ministre ; mais on sent aussi que c'est le sien, qu'il a dû contribuer à le faire partager, et que sa lettre est conçue de manière à provoquer celui du ministre dans le même sens. L'influence personnelle de l'homme supérieur n'est donc pas contestable ; mais il est obligé de parler au nom du directoire, qui avait le droit de ne pas le suivre, et, légalement, il n'eût pas pu, dans ce cas, préparer la décision du ministre contraire à celle du directoire.

Le ministre répond : « Je suis du même avis que vous et vos collègues à cet égard. Je pense qu'il est de la justice que les municipalités fassent connaître les raisons de leur refus, parce qu'il est possible qu'elles n'aient pas une conséquence parfaite du patriotisme du pétitionnaire et qu'elles soient induites en erreur sur son compte..... »

Aussi trouvons-nous aux Archives du département de la Vienne, à la date du 29 janvier 1793, la lettre suivante :

Le procureur général syndic du département de la Vienne aux administrateurs du directoire du district de Poitiers.

« Je joins ici copie d'une lettre du citoyen Roland, ministre de l'Intérieur, qui a pour objet le refus que des municipalités pourraient faire à des notaires d'un certificat de civisme, sans lequel, suivant la loi du 1er novembre dernier, ils ne peuvent exercer les fonctions de leur état. Je vous prie, citoyens administrateurs, de marquer au directoire la réception de cette lettre. *Signé :* THIBAUDEAU. »

C'est au directoire qu'il faut accuser réception ; c'est le directoire qui agit et parle par sa bouche ; le procureur général syndic n'est que son instrument légal ; mais il y a des circonstances, et celle-ci en est une, où l'on sent qu'il en est l'inspirateur.

On voit que c'est dans les mêmes sentiments qu'il écrit plus tard, le 3 juin 1793, la lettre suivante, transmettant une lettre de Garat :

Le procureur général syndic du département de la Vienne aux citoyens administrateurs du district de Châtellerault.

« Je vous envoie copie de la lettre écrite par le ministre de l'In-

térieur au directoire du département, relative au certificat de civisme que quelques départements ont exigé des ministres du culte
protestant, et qui, d'après l'article de la loi du 5 frimaire dernier,
ne sont point assujettis à cette formalité. — *Signé* : THIBAUDEAU. »

Aussi, lorsque trois mois plus tard, les représentants du peuple,
Richard et Chaudieu, attachés à l'armée de La Rochelle, vinrent en
mission à Poitiers, après leurs collègues Creuzé Pascal et Thibaudeau fils, le nom du procureur général syndic s'imposait à eux dans
ces questions redoutables de certificat de civisme, bien qu'il y re-
présentât, ainsi que le prouvent ces précédents, l'esprit de modération. Richard et Chaudieu sont chargés de nommer dans la Vienne
le comité de surveillance et de salut public qui va être chargé, par
la loi du 20 septembre 1793, de reviser tous les certificats de civisme.
Thibaudeau, procureur général syndic du département, en est
nommé le président. Malheureusement, à côté d'autres honnêtes
gens, comme Fradin[1], alors professeur de philosophie, et qui devint
plus tard professeur de droit romain à la Faculté de droit de Poitiers,
ce comité comprenait aussi Planier, de sinistre mémoire, ex-prêtre,
vice-président de la Société populaire de Poitiers, un de ceux qui
allaient s'efforcer de perdre Thibaudeau et de le remplacer. Mais,
dès lors, ce n'est plus seulement le procureur général syndic qui
apparaît dans Thibaudeau, c'est aussi le président de ce comité, et
il devient très difficile de distinguer l'action de l'un de celle de
l'autre, l'influence personnelle de l'homme dominant les deux
fonctions.

Ce qui n'est pas douteux, c'est que cette influence s'est exercée
dans le sens de la sagesse et de la modération, dans les circonstances
les plus critiques, jusqu'au moment où les agents de la Terreur à
Poitiers le firent emprisonner.

Les événements de toute nature s'étaient en effet succédé pendant les six derniers mois avec une rapidité foudroyante.

L'insurrection de la Vendée avait poussé ses succès jusqu'aux
portes du département de la Vienne ; son administration avait envoyé
un détachement à l'armée de Bressuire et deux commissaires civils

---

(1) Fradin (Charles-Pierre), né à Lusignan le 29 avril 1769 et mort à Poitiers
le 2 avril 1846, député libéral de la Vienne du 11 septembre 1819 à 1824. Les
archives de la Faculté de droit de Poitiers contiennent les documents les plus
honorables pour sa mémoire.

(Guilminet et Vaugelade) qui conservèrent de fréquentes correspondances avec Thibaudeau. Les représentants du peuple se succédaient
dans les départements de l'Ouest, sans empêcher les bandes ven-
déennes d'entrer dans Loudun. La Société populaire de Poitiers réclamait des arrestations, des poursuites, des exécutions. Dans ses auda-
cieuses revendications, conservées aux Archives du département de
la Vienne (L. 118, 558), on trouve les preuves les plus honorables
pour Thibaudeau.

A la date du 14 août 1793, la Société des amis de la liberté et de
l'égalité de Poitiers, s'adresse ainsi *aux citoyens administrateurs du
département de la Vienne :* « Nous demandons la réintégration dans
la maison de détention de tous ceux que vous en avez fait sortir,
car ils doivent y rester tant que la patrie sera en danger, ou jusqu'à
ce que la Convention nationale en ait autrement ordonné... ».

Les commissaires disent aussi aux administrateurs du département : « *Les portes des maisons de sûreté sont ouvertes aux ennemis
du peuple ; ils y restent à peine quinze jours, et rentrent ensuite dans
la société pour reprendre le brandon de la guerre qui brûle dans leur
absence et le secouer sans pitié sur notre malheureuse patrie...* »

La vérité était qu'il n'y avait dans l'intérieur du département de
la Vienne, ni fédéralisme, ni guerre civile, mais une bande d'éner-
gumènes ayant pour chefs les conventionnels Piorry et Ingrand, et
à qui les Thibaudeau surtout faisaient obstacle.

Cependant le procureur général syndic se multipliait dans ces
circonstances critiques, et les Archives du département de la Vienne
contiennent de nombreuses copies de ses lettres, avec la preuve de
l'inutilité fréquente de ses efforts. Cet insuccès tient à la fois au
désordre du temps et à l'insuffisance, non de l'homme, mais de la
fonction. Du reste, cette correspondance active se produit généralement au nom de l'administration du département dont il n'est que
l'organe.

Une lettre de Thibaudeau du 17 août 1793 aux administrateurs
du district, révèle bien cette impuissance. Il a déjà demandé le
tableau du dénombrement des municipalités. Il n'a pas reçu de réponse. Il le réclame itérativement, toujours au nom du directoire.
« Le département me charge de vous prier de lui envoyer une
expédition dudit tableau du dénombrement des municipalités de
votre ressort et de leur population ».

Le 25 août 1793, il adresse au comité du salut public de la Convention nationale un arrêté du conseil général de la Vienne qui

amène la révocation et le remplacement d'un de ses commissaires pour le recrutement [1].

Une autre fois, le procureur général syndic (5 septembre 1793) écrit pour demander quatre canons qui se trouvent dans une commune ; le 12 septembre, autre lettre relative à un envoi de 300,000 francs fait par le ministère au département pour l'aider à supporter ses charges ; le 8 octobre, il répond à une longue lettre du secrétaire du district de Loudun.

Mais il est aussi le président du comité de surveillance et de salut public du département, et, le 10 octobre, il prononce ses arrêtés.

Quoi qu'il en soit de ce mélange de fonctions, il fait mieux ressortir les efforts honorables et courageux de Thibaudeau et la haute personnalité, sinon la fonction même, du procureur général syndic.

Les Archives départementales de la Vienne en contiennent une autre preuve particulièrement probante et précieuse. C'est une lettre de la citoyenne Laforest de Boiscléret du 12 novembre 1793 (L. 118, 551) par laquelle elle prie Thibaudeau de lui renvoyer les certificats de civisme de trois de ses frères. Cette lettre contient le passage suivant : « Je n'ai point oublié, et n'oublierai de ma vie, le service que vous m'avez rendu en contribuant à rendre à mon père la justice qui lui était due et à lui donner la liberté qu'il n'avait pas mérité de perdre. Ma famille et moi vous en aurons une obligation infinie ».

La reconnaissance de la noble femme ne la fait pas hésiter, malgré le mél... ge des fonctions, et sans qu'elle cherche à se rendre bien compte de cette autorité du procureur général syndic légalement dépendante du directoire du département. C'est en Thibaudeau que son cœur reconnaît le sauveur de son père et le protecteur de ses frères. L'hommage rendu à une telle date et en pareils termes est

(1)   « Poitiers, le 25 août 1793, l'an II de la République française.

     « Citoyens représentants,

« Je vous envoie un arrêté que le Conseil général du département de la Vienne a cru devoir prendre relativement au citoyen Pruneau, d'après les dénonciations qui lui ont été faites contre ce commissaire du pouvoir exécutif pour le recrutement dans les districts de Montmorillon et de Civray.

          « *Le procureur général syndic du département de la Vienne,*
               « THIBAUDEAU.

« Les représentants du peuple composant le Comité de salut public de la Convention nationale, à Paris. »

(Archives nationales, comme ci-dessus).

d'un haut prix pour la grande mémoire de cet homme de bien. Dans ce terrible mois de novembre 1793, mériter de tels hommages, c'était jouer sa tête.

C'est dans ce même mois de novembre 1793 que le représentant du peuple, Ingrand, était renvoyé en mission dans son propre pays, dont il fut accusé plus tard « d'avoir été l'assassin et le tyran », et que son collègue Piorry, autre représentant de la Vienne, annonçait cette mission à la Société populaire de Poitiers dans une lettre[1] aussi insensée qu'abominable, du 15 brumaire an II (5 novembre 1793), dont il dut reconnaître l'exactitude dans la séance de la Convention du 22 thermidor. Cette lettre visait principalement le procureur général syndic Thibaudeau.

Une lettre d'Ingrand au comité de salut public vint dénoncer contre toute vérité le procureur général syndic du département de la Vienne comme fauteur de fédéralisme. Il prenait pour prétexte une délibération du conseil général de la Vienne du 15 juin 1793, signée de lui, et qui ne réclamait que l'indépendance de la Convention. Le comité de salut public répondit à Ingrand qu'il fallait sur-le-champ l'arrêter. « Ingrand fut prompt à exécuter une décision qu'il avait si perfidement provoquée, et mon père fut traîné en prison. »

Ainsi parle Thibaudeau fils, le conventionnel; c'est lui qui a le plus complètement raconté ces tristes événements dans un écrit[2] contemporain, et dont les assertions se sont trouvées confirmées par l'enquête que le représentant du peuple Chauvin[3] fut chargé de faire

(1)   « Braves et vigoureux sans-culottes,

« Vous avez paru désirer dans votre sein un bon bougre de représentant qui n'ait jamais dévié des principes, c'est-à-dire un véritable montagnard. J'ai rempli vos vœux, et vous possédez, à cet effet, le citoyen Ingrand parmi vous.

« Songez, braves sans-culottes, qu'avec le patriote Ingrand, vous pouvez tout faire, tout obtenir, tout casser, tout briser, tout renfermer, tout juger, tout déporter, tout guillotiner, et tout régénérer. Ne lui foutez pas une minute de patience ; que, par lui, tout tremble, tout s'écroule, et rentre sur-le-champ dans l'ordre le plus stable ».

(2) *Histoire du Terrorisme dans le département de la Vienne*, par A.-C. Thibaudeau, représentant du peuple (Paris. In-8 de 84 pages).

(3) *La Révolution du département de la Vienne suite de celle du 9 thermidor* (Poitiers, Chevrier, an III° de la République), et *Procès-verbal des séances de la Société populaire de Poitiers tenues sous la présidence du citoyen Chauvin, représentant du peuple* (102 pages). — *Notes et pièces recueillies par le Comité de l'instruction publique de la Société populaire de Poitiers, pour être jointes au procès-verbal fait par le citoyen Chauvin, représentant du peuple, délégué dans le département.* (Poitiers. In-8 de 187 pages. Barbier).

dans la Vienne pour réparer le mal dans la mesure du possible; car, jusqu'au 9 thermidor, la guillotine fit 35 victimes à Poitiers, et, sans les résultats de cette journée, la noble tête du procureur général syndic Thibaudeau aurait suivi les autres.

L'écrit de Thibaudeau fils contient, en effet, un récit touchant de ses efforts pour sauver son père des mains d'Ingrand et de Piorry, et de son impuissance : « Sûr de l'innocence de mon père, je réclamai à la Convention contre cet acte arbitraire et tyrannique; je demandai qu'Ingrand fût rappelé de son département, conformément à la loi. Piorry se présenta à la tribune pour accuser mon père et défendre Ingrand. Hélas ! La Convention était déjà tombée dans cet état d'oppression qui s'étendait aussi sur toute la République. La voix d'un représentant du peuple, qui réclamait à la fois pour l'innocence et pour son père, fut étouffée par des clameurs, et n'obtint, pour toute consolation, qu'un renvoi stérile au comité de sûreté générale. »

Cette tragique histoire doit assurer à la mémoire du procureur général syndic de la Vienne en 1793, le respect et la reconnaissance de la postérité.

Après son arrestation, et pendant que la guillotine était en permanence à Poitiers, Ingrand travaillait, en outre, en collaboration avec Piorry, à l'épuration des autorités constituées et de la Société populaire de Poitiers. Les ex-prêtres Planier et Piorry, le cousin du représentant, mettaient la main sur le tribunal criminel et l'administration du département, entièrement désorganisée par l'article 6, section III, de la loi du 14 frimaire an II (4 décembre 1793) *sur le mode de gouvernement provisoire et révolutionnaire*. Ce texte, en laissant subsister les directoires avait supprimé les conseils généraux, les présidents et les procureurs généraux syndics.

Il fallait réparer et réorganiser. Cette pensée avait inspiré la mission locale du représentant Chauvin dans la Vienne, et de plusieurs de ses collègues dans d'autres départements. Elle inspira aussi la loi du 28 germinal de l'an III (17 avril 1795) *relative à la réorganisation des administrations de département et de district*.

Cette loi rapporte celle du 14 frimaire an II, rend aux administrations de département et de district « les fonctions qui leur étaient déléguées par les lois antérieures au 31 mai 1793 », aux directoires la nomination de leurs présidents. « La place de procureur général syndic est rétablie (art 4). Les représentants en mission compléteront ou réorganiseront les directoires dans deux décades de la publication de la présente loi (art. 5) ».

En exécution de cette dernière disposition, le représentant du peuple Lofficial (des Deux-Sèvres), en mission près l'armée et les départements de l'Ouest, fut chargé de former le directoire du département de la Vienne et de pourvoir au poste de procureur général syndic, ainsi rétabli après une suppression qui avait presque coïncidé avec l'emprisonnement de Thibaudeau.

Lofficial, ancien lieutenant général de la Chateigneraye (Vendée), avait été son collègue à l'Assemblée constituante. Son arrêté, en date à Poitiers du 25 floréal de l'an III (14 mai 1795), à la suite des 8 membres du directoire, renomme Thibaudeau procureur général syndic du département, en le chargeant « de faire mettre le présent arrêté à exécution et d'en certifier ».

Cette seconde partie des fonctions de procureur général syndic de Thibaudeau est généralement passée inaperçue de ses biographes. Elle n'en est pas moins réelle, et en outre de l'arrêté de nomination que nous venons de rapporter, nous en avons trouvé de nombreuses traces, par exemple, aux Archives nationales, dans une lettre de Thibaudeau du 25 thermidor de l'an III (12 août 1795[1]), et, aux Archives du département de la Vienne, dans un arrêté du 24 vendémiaire de l'an IV (16 octobre 1795) relatif à l'envoi de 78 hommes pour la garde du corps législatif, en exécution de la loi du 10 vendémiaire. Cet arrêté porte la mention que Thibaudeau, procureur général syndic, a été entendu[2].

Ce ne fut qu'après cette réparation éclatante par la restitution de ses fonctions de procureur général syndic, et leur exercice jusqu'à

----

[1] « Poitiers, 25 thermidor, l'an III° de la République française une et indivisible,

Le procureur général syndic du département de la Vienne à la Commission des administrations civile, police et tribunaux.

« Le département de la Vienne me charge de vous accuser la réception de votre lettre du 26 messidor, ainsi que de neuf exemplaires de deux arrêtés du Comité de législation en date du 18 du même mois portant....... .....

« *Signé:* Thibaudeau. »

[2] Le préambule de cet arrêté contient la phrase suivante : « Au 31 mai, les poignards furent dirigés sur la représentation nationale, et, jusqu'au 9 thermidor, son sang et celui du peuple coula sur le même échafaud. »

En outre de la mention « le procureur général syndic entendu », cet arrêté du 14 vendémiaire an IV porte présents : Chasteau, *président,* Barret, Jouyneau, Faulcon-Rivière, Rolland, Delorme, Grillaud, *administrateurs,* et Thibaudeau, *procureur général syndic.*

leur suppression, que Thibaudeau redevint le président Thibaudeau, en reprenant son siège de président du tribunal criminel, en attendant la première présidence du tribunal d'appel de Poitiers, si bien due à ses lumières, à son expérience, à son patriotisme et à son courage.

La loi du 1ᵉʳ vendémiaire an IV (23 septembre 1795) portant convocation des assemblées électorales contient le dernier texte législatif qui mentionne les procureurs généraux syndics. Elle leur conférait, dans son article 18[1], la mission exceptionnelle de correspondre directement avec les membres du comité de salut public pour tout ce qui peut être relatif à la tenue de l'assemblée électorale. Les nombreuses lettres relatives à cet objet dans le département de la Vienne portent les dates des 12, 20, 23, 26, et 27 vendémiaire an IV, et sont signées : Barret, substitut. Thibaudeau n'en est pas moins resté le dernier procureur général syndic du département, ainsi que le prouve l'arrêté du département de la Vienne du 24 vendémiaire an IV, que nous venons de citer.

Nous avons expliqué, dans la première partie de ce travail, les modifications apportées à l'institution des procureurs syndics par la constitution du 5 fructidor de l'an III, qui les remplace par des commissaires du pouvoir exécutif nommés par le gouvernement.

Les commissaires du pouvoir exécutif près l'administration centrale du département de la Vienne n'eurent, aucun, et ne pouvaient avoir la position exceptionnelle et l'influence personnelle de Thibaudeau. Le premier fut Pressac Desplanches. C'est lui qui adresse, le 4 floréal de l'an IV (23 avril 1796), aux administrations municipales et aux juges de paix les demandes de renseignements précis réclamés par le directoire exécutif pour l'épuration des commissaires près les municipalités. Il ne tarda pas à envoyer sa démission par une lettre en date du 24 prairial de l'an IV (12 juin 1796) remise au ministre de l'Intérieur par le représentant Félix Faulcon, lettre navrante dans laquelle il avoue que veuf, avec trois enfants, sans for-

---

(1) « Le procureur général syndic de chaque département, et, s'il est électeur ou autrement empêché, celui qui le remplace, est tenu d'exercer la surveillance prescrite au commissaire du directoire exécutif par l'article 43 de la Constitution, sur les opérations de l'assemblée électorale, et de correspondre à cet effet avec le Comité de salut public, auquel il rendra compte de l'exécution de l'article 12 du présent décret (art. 18). — Les assemblées primaires qui n'ont point terminé leurs opérations les achèveront dans dix jours, après lesquels elles se sépareront (art. 22). »

tune, et éloigné de son domicile, il est condamné à vivre d'expédients
(Archives nationales). Dans de pareilles conditions, même *lorsqu'il
est investi de fonctions mieux pourvues*, un agent de l'autorité ne
saurait exercer quelque influence. Cependant Jean-Louis Pressac
Desplanches avait fait partie de l'administration du département de la
Vienne de 1790, élu alors, avec Jacques-Isaac Barbier, pour le district
de Civray ; plus tard il avait été élu le sixième député du département
de la Vienne à l'Assemblée législative. Il ne fut relevé de ses fonctions
de commissaire du directoire exécutif qu'un mois après sa démission.
Par une lettre datée du 15 messidor de l'an IV et adressée par lui au
ministre de l'Intérieur, il disculpe le directoire de Loudun de ca-
lomnies dont il était l'objet[1].

Un arrêté du 24 messidor de l'an IV (12 juillet 1796), sollicité
par le représentant Félix Faulcon, nomma Claude-Marie Bonnefond,
commissaire du pouvoir exécutif près l'administration centrale du
département de la Vienne. Le même jour, le citoyen Dassier était
nommé *commissaire du pouvoir exécutif près l'administration municipale de Poitiers*.

Claude-Marie Bonnefond, alors avocat, demeurant à la Paire, pa-
roisse de Chasseneuil, près Poitiers, avait été, comme Pressac Desplanches, son prédécesseur, membre de l'administration du département de la Vienne de 1790, élu le vingt-unième sur les 24 administrateurs nommés sans distinction de district.

L'intervention du commissaire Bonnefond, dans les conditions
fixées par la loi, est sans cesse mentionnée dans les actes de l'administration du département de la Vienne à partir du 24 messidor
de l'an IV, sans qu'il soit possible d'y saisir la trace d'une sérieuse
influence. On trouve plutôt la preuve du *contraire dans une lettre*
de lui (Archives nationales), par laquelle il se plaint au directoire
exécutif d'avoir été dénoncé comme royaliste, par un citoyen
Villeneuve, à l'audience publique du directoire de la Vienne du
23 pluviose an V (11 février 1797); et, en se plaignant, *il se défend*.

---

(1) « J'ai cependant blâmé hautement l'administration de Loudun d'avoir
souffert que des ex-religieuses fussent chargées de l'instruction publique
dans leur commune. Je leur ai fait envisager que le département ne s'était
point départi des prohibitions qu'il avait portées à ce sujet dans son arrêté
du 30 pluviôse, et j'ai expressément recommandé d'y tenir rigoureusement la
main. Salut et respect.

Signé : PRESSAC-DESPLANCHES. »

Un fait de cette nature semble bien établir le peu d'autorité du commissaire du directoire exécutif.

Il serait absolument injuste d'imputer à Bonnefond un désordre local qui n'était pas plus grand dans le département de la Vienne que dans le reste de la France; il était la conséquence du désordre général; mais l'impuissance légale des organes administratifs, remaniés par la constitution de l'an III, est certainement une de ses causes. La lettre suivante établit, en effet, le malheureux état du pays et le peu d'influence des commissaires du gouvernement dans leurs départements.

« Paris, 5 frimaire an V. »

*Le ministre de la police générale de la République à l'adminis-
tration centrale du département de la Vienne.*

« Les attentats contre la sûreté et la propriété des citoyens se multiplient dans toute la République d'une manière trop alarmante pour ne pas fixer l'attention du gouvernement et des corps administratifs sur ces déplorables excès et sur les moyens de les faire cesser... — *Signé :* Cochon ».

Le mal datait de loin dans les communes et dans les départements. De louables efforts avaient été déjà faits pour rétablir l'ordre, et cette lettre prouve qu'ils étaient et restèrent inefficaces.

Il faut, cependant, citer à l'honneur de leurs auteurs la proclamation adressée à ses concitoyens et aux commissaires de police par le commissaire du pouvoir exécutif près l'administration municipale de Poitiers, Dassier, nommé le même jour que Bonnefond, et la délibération de l'administration municipale de Poitiers, du 18 ventôse an IV : « Citoyens, disait le commissaire du directoire exécutif, Dassier, les lois et règlements relatifs à la police semblent être entièrement oubliés... » D'autre part, l'affiche de la proclamation de Dassier contenait, en outre, ce qui suit :

*Extrait du registre de délibérations de l'administration muni-
cipale de Poitiers.*

« L'administration, délibérant sur l'exécution du § 2 du titre II du livre Ier de la loi du 3 brumaire, ouï le commissaire, a nommé pour remplir les fonctions de commissaire de police les citoyens Gourdin père, Delorme et Duval fils.

« *Signé* : BOURBEAU, *président.*

« Pour expédition conforme :

Signé: GERVAIS, *secrétaire.* »

La lettre du ministre de la police de l'an V montre, à la fois, que ces efforts n'avaient pas été faits partout, et qu'ils manquaient d'efficacité. Il n'en fut autrement en réalité, que lorsque ce ministre du directoire de l'an V, Cochon[1], devint le premier préfet du département de la Vienne, en vertu de la loi du 28 pluviôse de l'an VIII (17 février 1800). Les exagérations de centralisation administrative de cette loi devaient disparaître dans l'évolution démocratique et libérale de ce xixᵉ siècle qu'elle ouvrait; mais les organes administratifs créés par elle et le principe supérieur de la division des fonctions administratives, qui est sa base fondamentale, ont reçu la plus éclatante et la plus sûre des consécrations de cette expérience bientôt séculaire.

Les vices propres à l'inefficace institution des procureurs syndics et des commissaires du pouvoir exécutif que nous avons relevés, et que ne purent qu'atténuer le mérite et le patriotisme des hommes, lors même que ces fonctions furent confiées aux mains les plus fermes et les plus dignes, s'aggravaient des vices propres à ces administrations collectives si bien jugées par M. Thiers, dans leur principe et dans leurs résultats désastreux pour le pays, et dont les procureurs syndics étaient un des rouages essentiels.

« L'Assemblée constituante et la Convention nationale, après avoir successivement remanié l'organisation administrative de la France avaient abouti à un état de choses qui était l'anarchie même. Des administrations collectives à tous les degrés, délibérant perpétuellement, n'agissant jamais, ayant à leurs côtés des commissaires du gouvernement central, chargés de solliciter auprès d'elles ou l'exécution des affaires de l'État, ou l'exécution des lois, mais privés du pouvoir d'agir eux-mêmes, tel était le régime départemental et municipal en vigueur[2] ».

(1) Cochon de l'Apparent, conseiller à Fontenay (Vendée) avant 1789, avait été le premier des deux *adjoints partans* aux députés du tiers-état de la sénéchaussée du Poitou à l'Assemblée constituante. Faulcon, conseiller au présidial de Poitiers, avait été le second.

(2) *Histoire du Consulat et de l'Empire*, tome 1ᵉʳ, page 150.

L'illustre historien avait déjà constaté les résultats de ces institutions administratives d'un mot saisissant, en disant que « l'administration de la France était, en 1799, dans un désordre affreux [1] ».

Il observe aussi, avec sa haute raison, que le mal fut aggravé par la malheureuse création, dans la constitution dans l'an III, des municipalités cantonales. « Il en résulta bientôt, dit-il, une confusion plus affreuse que celle qu'on avait le désir de faire cesser [2] ».

Bien des événements divers dans l'ordre politique, bien des modifications constitutionnelles et administratives, se sont produits en France depuis 1800. C'est avec raison qu'aucun de nos législateurs du XIXᵉ siècle, même les plus respectueux des principes de 1789, n'a songé à revenir aux procureurs syndics de 1790 et au régime administratif dont les procureurs syndics, les meilleurs et les plus dignes, ne pouvaient tempérer les vices. A ces vices participait la conception même de leur institution.

(1) *Histoire du Consulat et de l'Empire*, tome 1ᵉʳ, page 149.
(2) *Id.*, page 151.

ANGERS, IMP. A. BURDIN ET Cⁱᵉ RUE GARNIER.

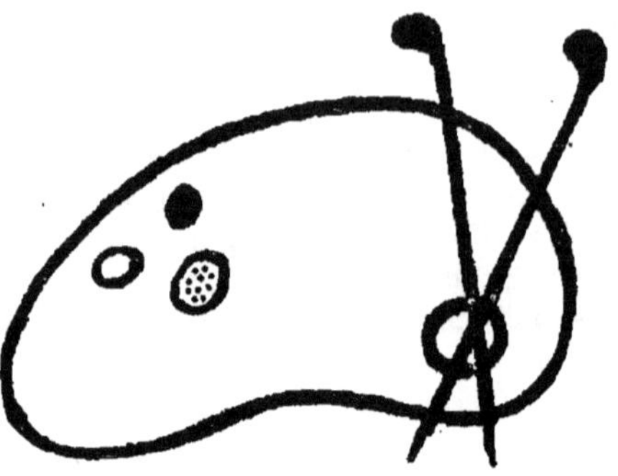

Original en couleur

NF Z 43-120-8